Impressum
Verlag: BABADADA GmbH, Nedderfeld 112 , 22529 Hamburg
Geschäftsführer / Verlagsleitung: Harald Hof
Druck: Books on Demand GmbH, In de Tarpen 42, 22848 Norderstedt

Imprint
Publisher: BABADADA GmbH, Nedderfeld 112 , 22529 Hamburg, Germany
Managing Director / Publishing direction: Harald Hof
Print: Books on Demand GmbH, In de Tarpen 42, 22848 Norderstedt

σχολείο
makaranta

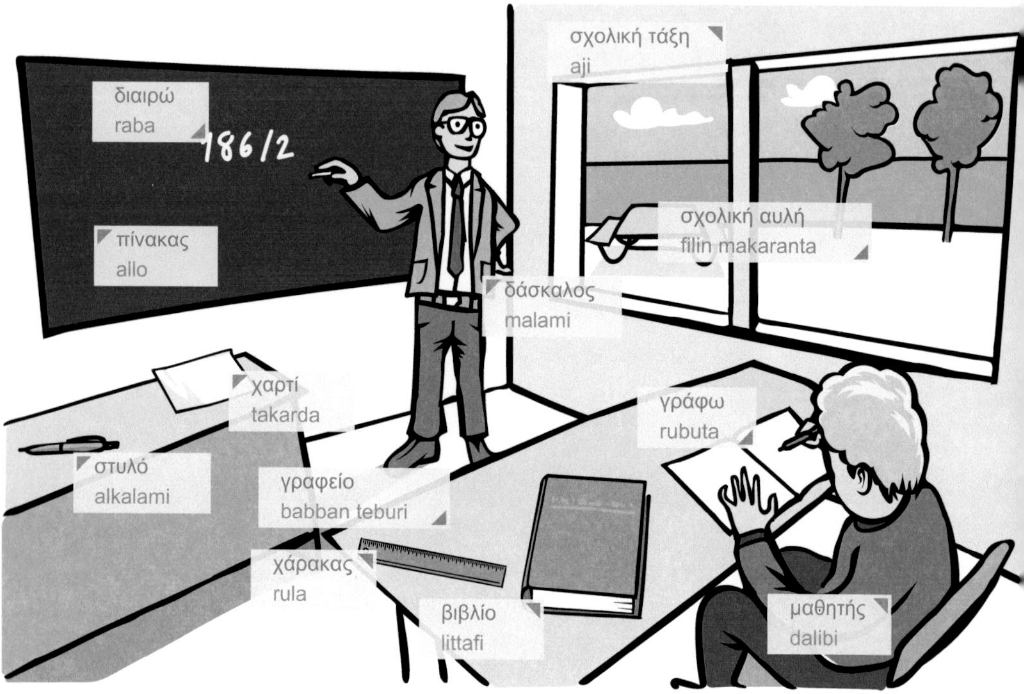

σχολική τάξη
aji
διαιρώ
raba
186/2
πίνακας
allo
σχολική αυλή
filin makaranta
δάσκαλος
malami
χαρτί
takarda
γράφω
rubuta
στυλό
alkalami
γραφείο
babban teburi
χάρακας
rula
βιβλίο
littafi
μαθητής
dalibi

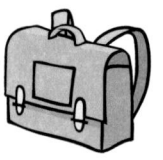

σχολική τσάντα

jakar makaranta

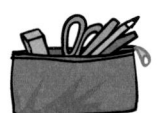

κασετίνα/ μολυβοθήκη

gidan fensir

μολύβι

fensir

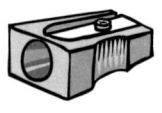

ξύστρα

abin fike fensir

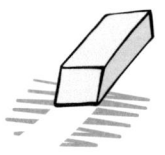

γόμα

kilina

μπλοκ ζωγραφικής

kwalin zane

ζωγραφική

zane

πινέλο

burushin fenti

κουτί χρωμάτων

gwangwanin fenti

ψαλίδι

almakashi

κόλλα

gam

τετράδιο ασκήσεων

littafi aiki

εργασία για το σπίτι

aikin gida

αριθμός

lamba

προσθέτω

kara

αφαιρώ

debe

πολλαπλασιάζω

yi sau

υπολογίζω

kwakuleta

γράμμα

wasika

αλφάβητο

harafi

λέξη

kalma

κείμενο
rubutu

διαβάζω
karanta

κιμωλία
alli

μάθημα
darasi

εγγράφομαι
rijista

τεστ
jarabawa

πιστοποιητικό
satifiket

μαθητική στολή
kayan makaranta

εκπαίδευση
ilimi

εγκυκλοπαίδεια
kundin ilimi

πανεπιστήμιο
jami'a

μικροσκόπιο
madubin kimiyya

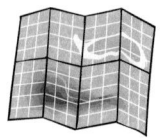

χάρτης
taswira

καλάθι αχρήστων
kwandon shara

ταξίδι

bulaguro

Grand
ξενοδοχείο
otal
ξενώνας
dakunan dalibai
ROOMS
ανταλλακτήρια συναλλάγματος
gidan canjin kudi
βαλίτσα
karamin akwati
αυτοκίνητο
karamar mota

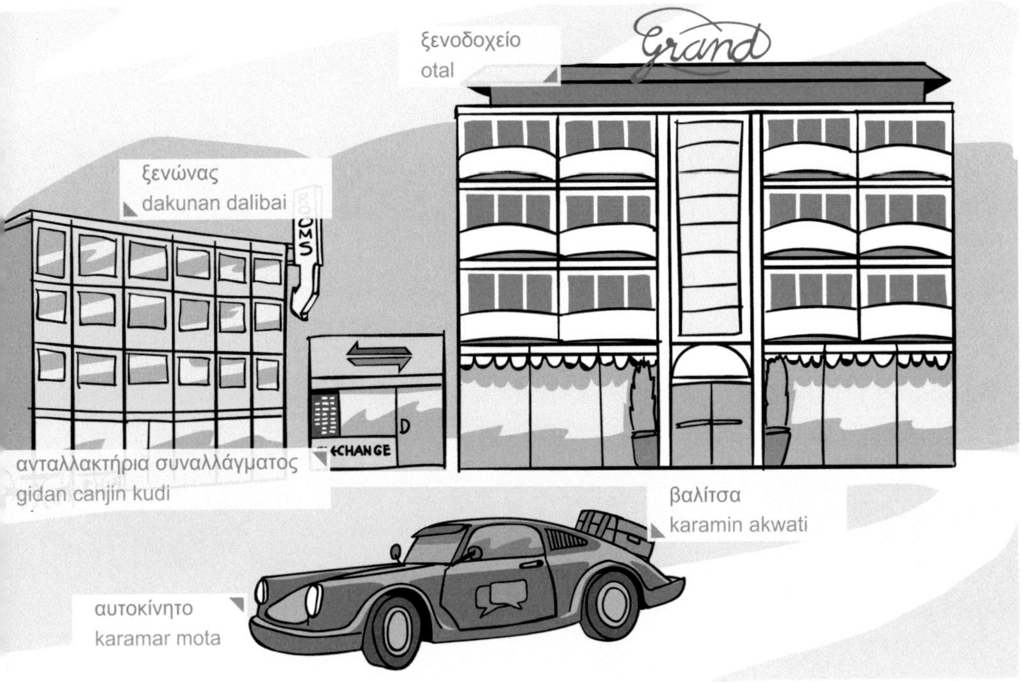

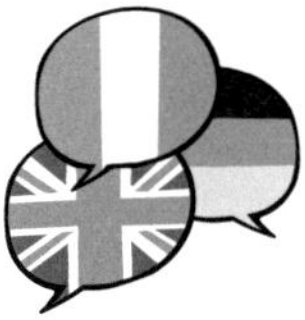

γλώσσα

yare

ναι / όχι

e/a'a

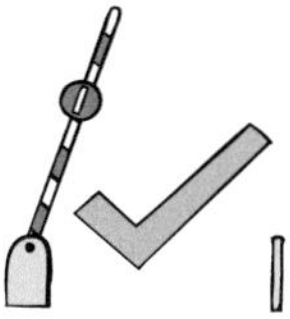

εντάξει

Ya yi

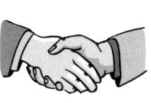

γεια σου

barka dai

μεταφραστής

mai fassara

Ευχαριστώ

Na gode

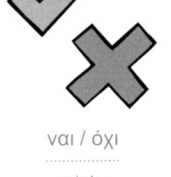

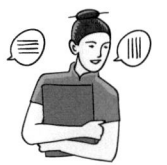

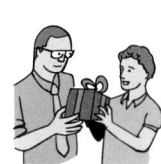

πόσο κάνει ;

nawa ne…?

Δε καταλαβαίνω

ban gane ba

πρόβλημα

matsala

Καλησπέρα!

Barka da yamma!

Καλημέρα!

Ina kwana!

Καληνύχτα!

barka da dare!

Αντίο

sai an jima

κατεύθυνση

alkibla

αποσκευές

kaya

τσάντα

jaka

σακίδιο πλάτης

jakar goyawa

καλεσμένος

bako

δωμάτιο

daki

υπνόσακος

jakar barci

σκηνή

tanti

τουριστικές πληροφορίες

bayanin dan yawon bude-ido

παραλία

bakin ruwa

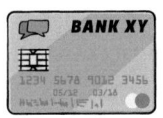

πιστωτική κάρτα

katin banki

πρωινό

karin kumallo

μεσημεριανό

abincin rana

δείπνο

abincin dare

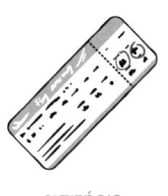

εισιτήριο

tikiti

ανελκυστήρας

daga

γραμματόσημο

hatimi

σύνορα

iyaka

τελωνείο

kudin fiton kaya

πρεσβεία

ofishin jakadanci

βίζα

biza

διαβατήριο

fasfo

μεταφορά
abin hawa

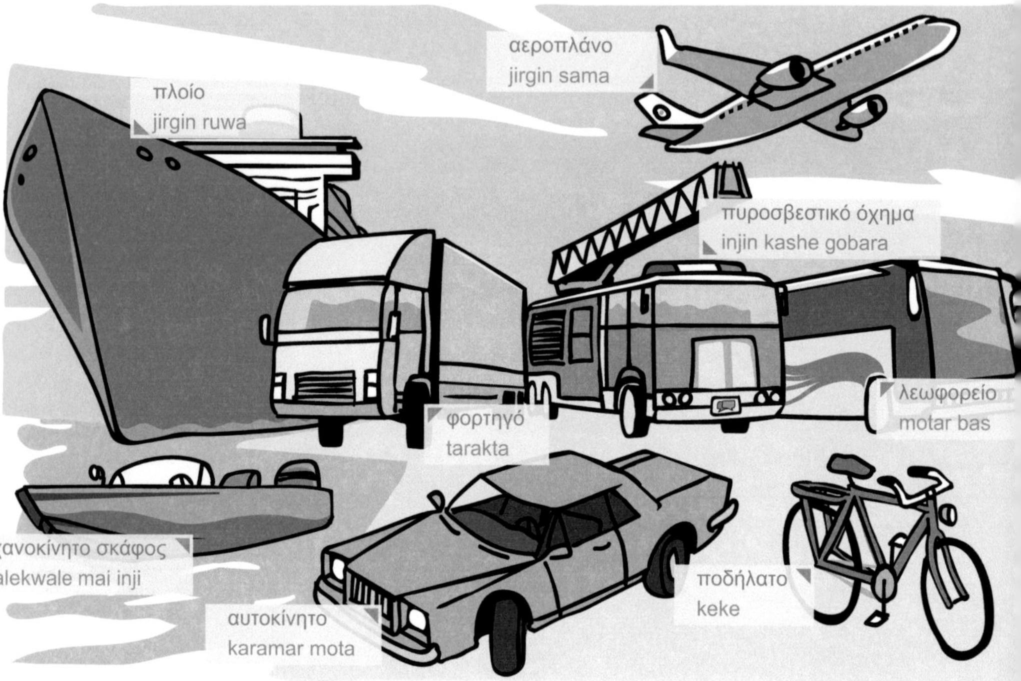
αεροπλάνο
jirgin sama
πλοίο
jirgin ruwa
πυροσβεστικό όχημα
injin kashe gobara
λεωφορείο
motar bas
φορτηγό
tarakta
ηχανοκίνητο σκάφος
valekwale mai inji
ποδήλατο
keke
αυτοκίνητο
karamar mota

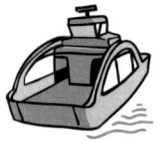

φεριμπότ

karamin jirgin ruwa

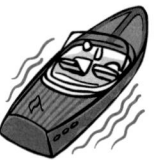

βάρκα

kwalekwale

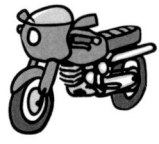

μοτοσικλέτα

babur

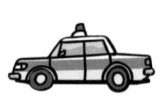

περιπολικό

motar 'yansanda

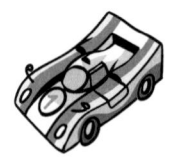

αγωνιστικό αυτοκίνητο

motar tsere

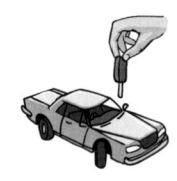

ενοικιαζόμενο αυτοκίνητο

motar haya

διαμοιρασμός αυτοκινήτων

tarayyar karamar mota

γερανός

babbar mota da ta lalace

απορριμματοφόρο

motar shara

κινητήρας

mota

καύσιμο

mai

βενζινάδικο

gidan mai

πινακίδα σήμανσης

alamar titi

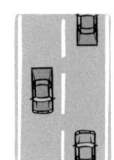

κυκλοφορία

zirga-zirga

κυκλοφοριακή συμφόρηση

cunkoson ababen hawa

χώρος στάθμευσης

wurin ajiye mota

σιδηροδρομικός σταθμός

tashar jirgin kasa

σιδηροδρομικές γραμμές

filin tsere

τρένο

jirgin kasa

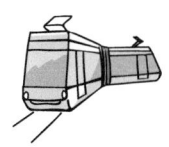

τραμ

jirgin kasa mai kyabil

βαγόνι

keken doki

ελικόπτερο

helikwafta

αεροδρόμιο

filin jirgin sama

πύργος

hasumiya

επιβάτης

fasinja

εμπορευματοκιβώτιο

mazubi

χαρτοκιβώτιο

kwali

καρότσι

amalanke

καλάθι

kwando

απογειώνομαι /
προσγειόνομαι

tashi / sauka

πόλη
birni

χωριό

kauye

κέντρο της πόλης

tsakiyar birni

σπίτι

gida

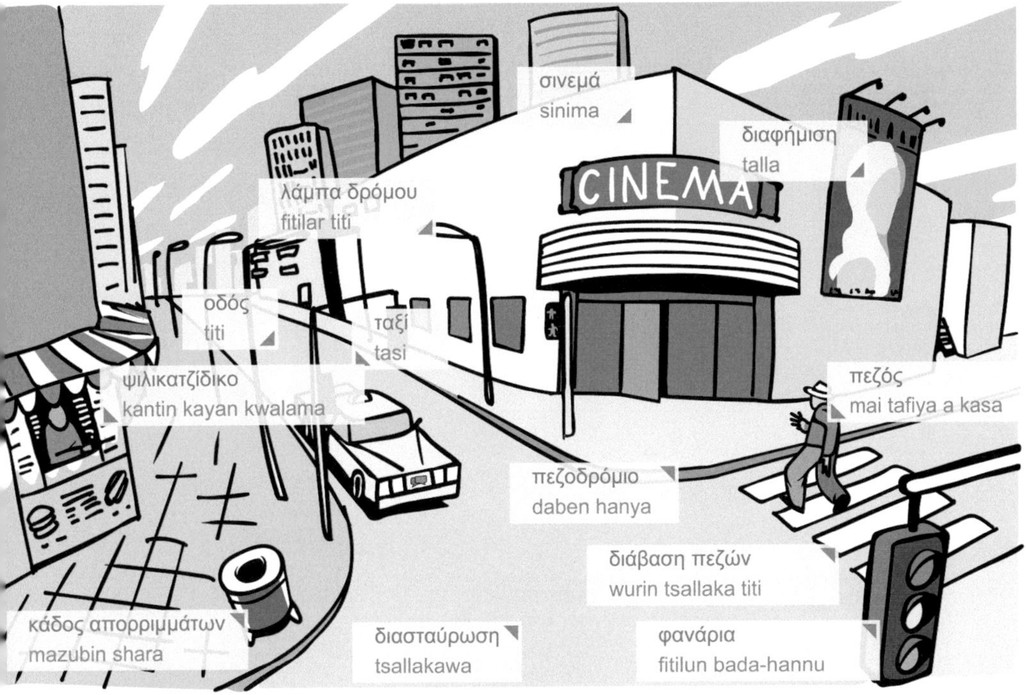

σινεμά
sinima

διαφήμιση
talla

λάμπα δρόμου
fitilar titi

οδός
titi

ταξί
tasi

ψιλικατζίδικο
kantin kayan kwalama

CINEMA

πεζός
mai tafiya a kasa

πεζοδρόμιο
daben hanya

διάβαση πεζών
wurin tsallaka titi

κάδος απορριμμάτων
mazubin shara

διασταύρωση
tsallakawa

φανάρια
fitilun bada-hannu

καλύβα
bukka

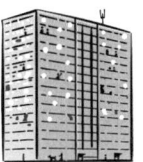

διαμέρισμα
shafaffe

σιδηροδρομικός σταθμός
tashar jirgin kasa

δημαρχείο
dakin taro

μουσείο
gidan kayan tarihi

σχολείο
makaranta

πανεπιστήμιο

jami'a

τράπεζα

banki

νοσοκομείο

asibiti

ξενοδοχείο

otal

φαρμακείο

kantin magani

γραφείο

ofis

βιβλιοπωλείο

kantin littattafai

κατάστημα

kanti

ανθοπωλείο

mai sayar da furanni

σούπερ μάρκετ

babban kanti

αγορά

kasuwa

πολυκατάστημα

kanti mai sassa

ιχθυοπωλείο

shagon sayar da kifi

εμπορικό κέντρο

wurin sayayya

λιμάνι

matsayar jiragen ruwa

πάρκο

ma'ajiyar motoci

παγκάκι

benci

γέφυρα

gada

σκάλες

kafar bene

μετρό

karkashin kasa

τούνελ

ramin karkashin kasa

στάση λεωφορείου

matsayar bas

μπαρ

mashaya

εστιατόριο

gidan abinci

γραμματοκιβώτιο

akwatin sakonni

πινακίδα δρόμου

alamar titi

παρκόμετρο

mitar ajiye motoci

ζωολογικός κήπος

gidan namun daji

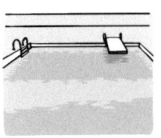

πισίνα

kwamin iyo

τζαμί

masallaci

αγρόκτημα

gona

ρύπανση

gurbata

νεκροταφείο

makabarta

εκκλησία

coci

παιδική χαρά

filin wasanni

ναός

dakin bauta

τοπίο
fadin kasa

φύλλο
ganye

πινακίδα κατεύθυνσης
turken alama

δρόμος
hanya

λιβάδι
makiyaya

πέτρα
dutse

δέντρο
bishiya

πεζοπόρος
mai tattaki

ποτάμι
korama

χορτάρι
ciyawa

λουλούδι
fure

κοιλάδα

kwazazzabo

λόφος

tudu

λίμνη

tafki

δάσος

daji

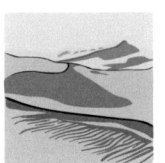

έρημος

hamada

ηφαίστειο

amon dutse

κάστρο

fada

ουράνιο τόξο

bakan-gizo

μανιτάρι

malafar jaki

φοίνικας

bishiyar kwakwar manja

κουνούπι

sauro

μύγα

kuda

μυρμήγκι

tururuwa

μέλισσα

zuma

αράχνη

gizo

σκαθάρι

burgunguma

βάτραχος

kwado

σκίουρος

kurege

σκαντζόχοιρος

bushiya

λαγός

zomo

κουκουβάγια

mujiya

πουλί

tsuntsu

κύκνος

agwagwar ruwa

αγριογούρουνο

aladen daji

ελάφι

namijin barewa

άλκη

kanki

φράγμα

dam

ανεμογεννήτρια

lantarki mai iska

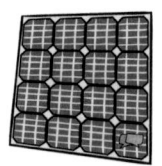

ηλιακός συλλέκτης

farantin hasken rana

κλίμα

yanayi

εστιατόριο
gidan abinci

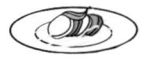

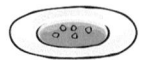

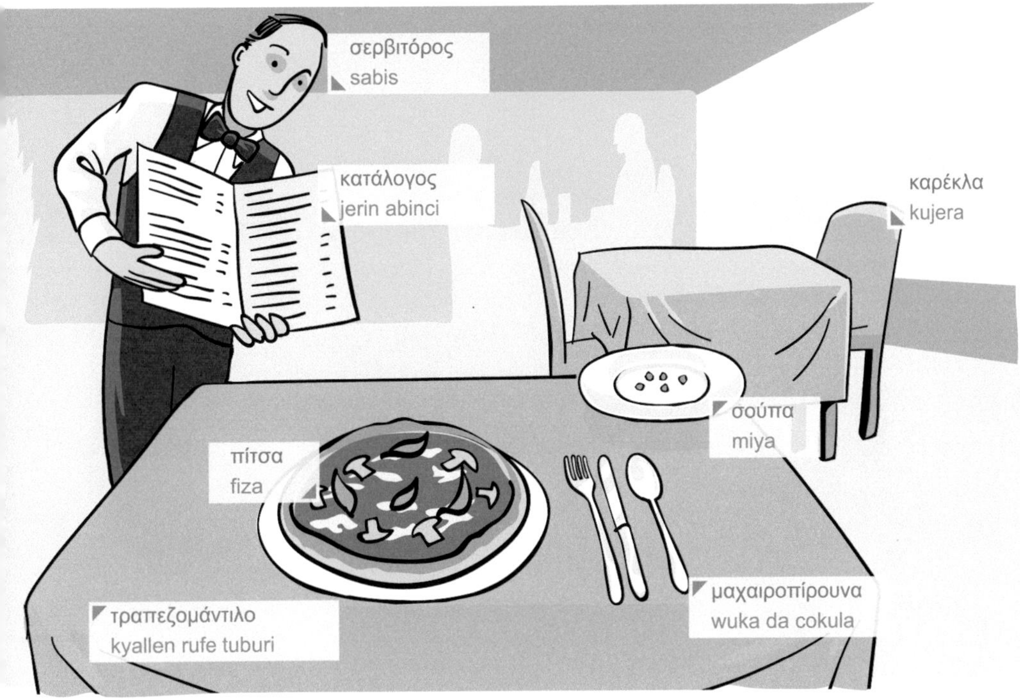
σερβιτόρος
sabis
κατάλογος
jerin abinci
καρέκλα
kujera
σούπα
miya
πίτσα
fiza
τραπεζομάντιλο
kyallen rufe tuburi
μαχαιροπίρουνα
wuka da cokula

ορεκτικό

makunni

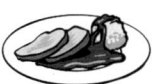

κύριο πιάτο

babban abinci

επιδόρπιο

kayan zaki

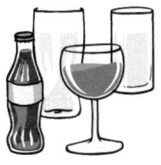

ποτά

kayan sha

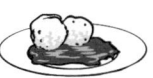

φαγητό

abinci

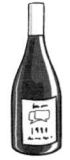

μπουκάλι

kwalba

φαστ φουντ

abincin tafi-da-gidanka

φαγητό στ' όρθιο

abincin titi

τσαγιέρα

tukunyar shayi

δοχείο ζάχαρης

kwanon sikari

μερίδα

gutsire

μηχανή εσπρέσο

injin hada kofi

ψηλή καρέκλα

kujera mai tudu

λογαριασμός

doka

δίσκος

tire

μαχαίρι

wuka

πιρούνι

cokali mai yatsu

κουτάλι

cokali

κουταλάκι του τσαγιού

cokalin shayi

πετσέτα φαγητού

kyallen cin abinci

ποτήρι

gilashi

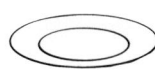

πιάτο

faranti

πιάτο σούπας

farantin miya

πιατάκι φλιτζανιού

farantin kofi

σάλτσα

hadin dandano

αλατιέρα

mazubin gishiri

μύλος για πιπέρι

abin nikan yaji

ξύδι

lamurje

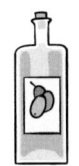

λάδι

mai

μπαχαρικά

kayan dandano

κέτσαπ

miyar tumatir

μουστάρδα

mustad

μαγιονέζα

mayonnaise

σούπερ μάρκετ

babban kanti

προσφορά
tayin musamman
FOR
πελάτης
abokin ciniki
γαλακτοκομικά προϊόντα
matatsar nono
φρούτα
kayan marmari
καρότσι για ψώνια
abin daukar kaya

BUTCHERS

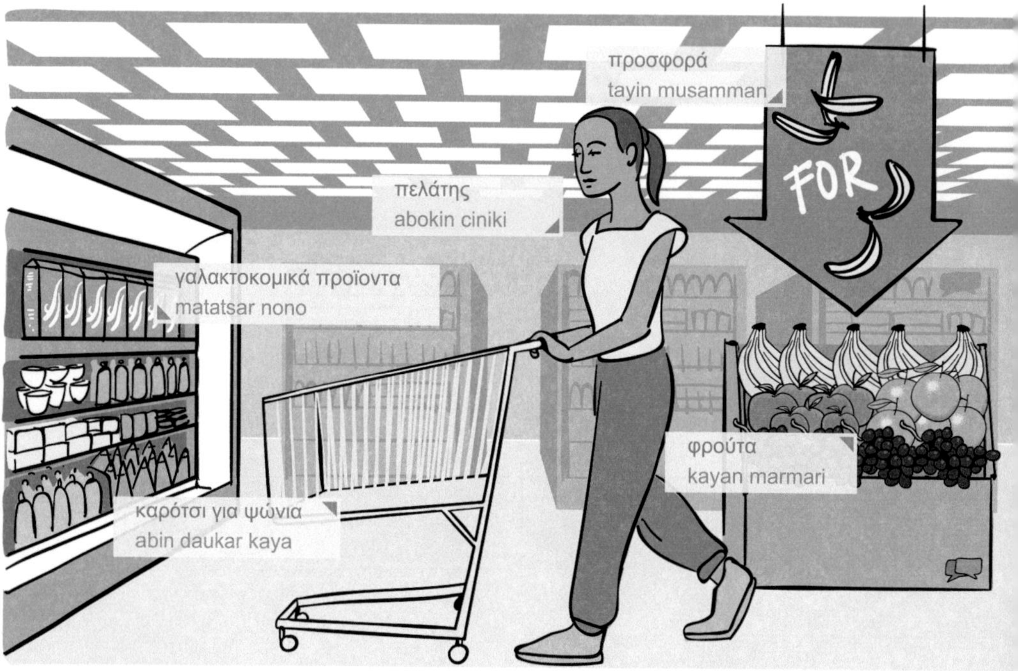

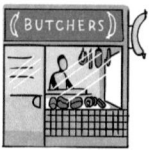

κρεοπωλείο

na mahauci

BAKERY

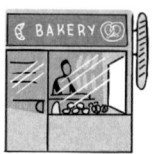

φούρνος

shagon mai burodi

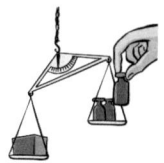

ζυγίζω

auna nauyi

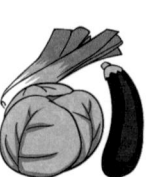

λαχανικά

kayan lambu

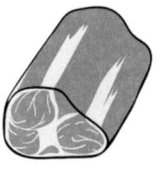

κρέας

nama

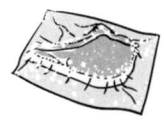

κατεψυγμένα τρόφιμα

darkararren abinci

αλλαντικά

nama mai sanyi

κονσερβοποιημένη τροφή

abincin gwangwani

απορρυπαντικό ρούχων

garin sabulun wanki

γλυκά

alewa

οικιακά είδη

kayan amfanin gida

καθαριστικά προϊόντα

kayan tsafta

πωλήτρια

mai sayarwa

ταμείο

haro

ταμίας

mai biyan kudi

λίστα για ψώνια

jerin kayan sayayya

ωράριο λειτουργίας

sa'o'in budewa

πορτοφόλι

alabe

πιστωτική κάρτα

katin banki

τσάντα

jaka

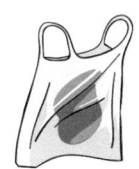

πλαστική σακούλα

jakar roba

νερό

ruwa

χυμός

ruwan 'ya'yan itace

γάλα

madara

κόκα κόλα

coke

κρασί

barasa

μπίρα

giya

αλκοόλ

barasa

κακάο

koko

τσάι

shayi

καφές

kofi

εσπρέσο

bakin kofi

καπουτσίνο

kofi mai madara

μπανάνα

ayaba

μήλο

tufa

πορτοκάλι

lemon zaki

πεπόνι

kankana

λεμόνι

lemon tsami

καρότο

karas

σκόρδο

tafarnuwa

μπαμπού

gora

κρεμμύδι

albasa

μανιτάρι

kunnen-jaki

ξηροί καρποί

dangin gyada

νουντλς

dangin taliya

μακαρόνια

sufageti

ρύζι

shinkafa

σαλάτα

man salak

πατατάκια

sala-sala

τηγανητές πατάτες

soyayyen dankali

πίτσα

fiza

χάμπουργκερ

hambaga

σάντουιτς

sanwich

κοτολέτα

kwan nama

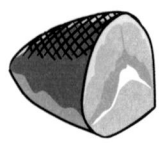

ζαμπόν

naman alade

σαλάμι

salami

λουκάνικο

kilishin turawa

κοτόπουλο

kaza

ψητό

gashi

ψάρι

kifi

χυλός βρώμης

kamun oats

μούσλι

muesli

κορν φλέικς

kwamfiles

αλεύρι

fulawa

κρουασάν

fanke

ψωμάκι

yankan burodi

ψωμί

burodi

τοστ

gashi

μπισκότα

biskit

βούτυρο

bota

τυρόπηγμα

man shanu

κέικ

kek

αυγό

kwai

τηγανητό αυγό

soyayyen kwai

τυρί

cuku

παγωτό

askirim

ζάχαρη

sikari

μέλι

zuma

μαρμελάδα

jam

άλλειμμα σοκολάτας

cakuletin shafawa

κάρυ

kori

αγρόκτημα

gona

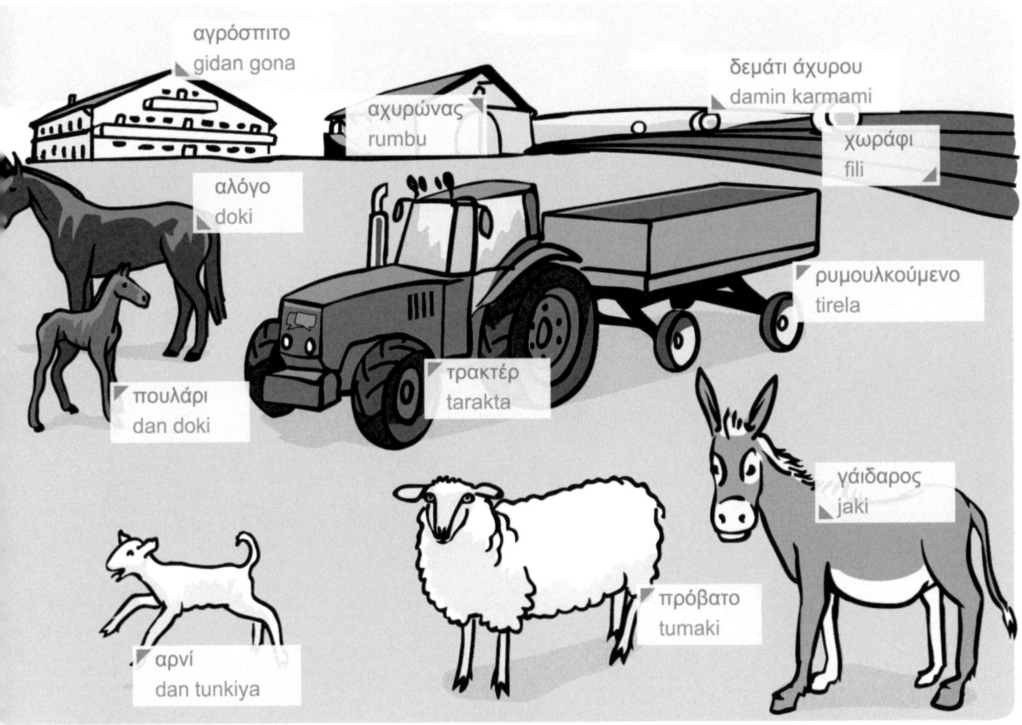

αγρόσπιτο
gidan gona
αχυρώνας
rumbu
δεμάτι άχυρου
damin karmami
χωράφι
fili
αλόγο
doki
ρυμουλκούμενο
tirela
τρακτέρ
tarakta
πουλάρι
dan doki
γάιδαρος
jaki
πρόβατο
tumaki
αρνί
dan tunkiya

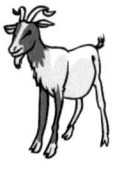

κατσίκα

akuya

αγελάδα

saniya

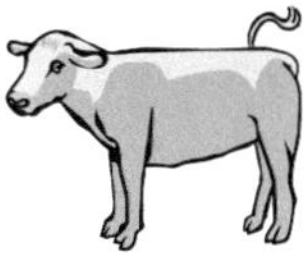

μοσχαράκι

maraki

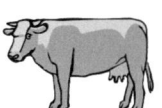

γουρούνι

alade

γουρουνάκι

dan alade

ταύρος

bajimi

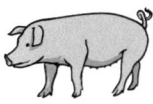

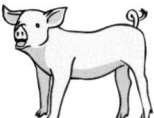

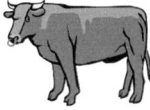

χήνα

dinya

πάπια

agwagwa

κοτοπουλάκι

dan tsako

κότα

kaza

κόκορας

zakara

αρουραίος

bera

γάτα

kyanwa

ποντίκι

bera

βόδι

takarkari

σκύλος

kare

σπιτάκι σκύλου

dakin kare

λάστιχο κήπου

bututun lambu

ποτιστήρι

bokitin ban-ruwa

θεριστήρι

ashasha

αλέτρι

garma

δρεπάνι

lauje

τσάπα

fartanya

δίκρανο

cebur mai yatsu

τσεκούρι

gatari

χειράμαξα

wilbaro

ταΐστρα

mazubin abincin dabbobi

δοχείο γάλακτος

gwangwanin madara

σάκος

buhu

φράχτης

shinge

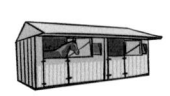

στάβλος

barga

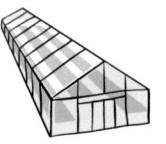

θερμοκήπιο

koren-gida

έδαφος

rairai

σπόρος

iri

λίπασμα

taki

θεριζοαλωνιστική μηχανή

injin girbi da sussuka

θερίζω

girbe

συγκομιδή

girbi

γιαμς

doya

σιτάρι

alkama

σόγια

waken soya

πατάτα

dankali

καλαμπόκι

dawa

κράμβη

furen mai

οπωροφόρο δέντρο

bishiyar kayan marmari

μανιόκα

rogo

δημητριακά

hatsi

αγρόκτημα - gona

σπίτι

gida

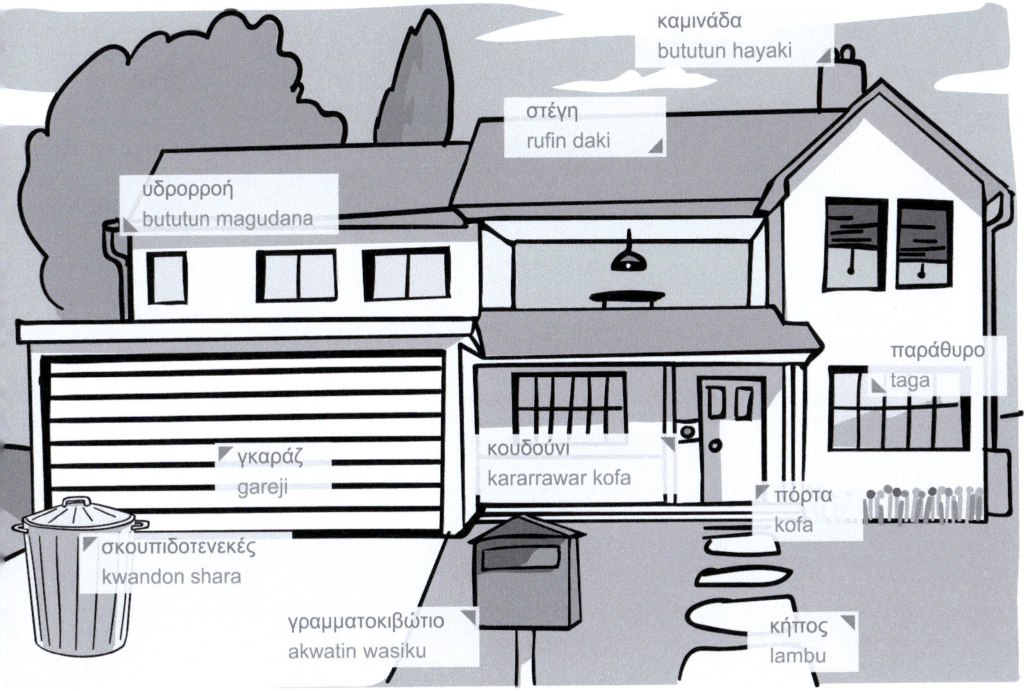

καμινάδα
bututun hayaki
στέγη
rufin daki
υδρορροή
bututun magudana
παράθυρο
taga
γκαράζ
gareji
κουδούνι
kararrawar kofa
πόρτα
kofa
σκουπιδοτενεκές
kwandon shara
γραμματοκιβώτιο
akwatin wasiku
κήπος
lambu

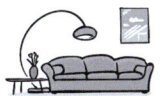

σαλόνι

falo

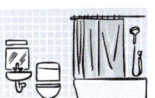

μπάνιο

dakin wanka

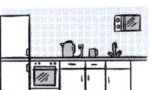

κουζίνα

kicin

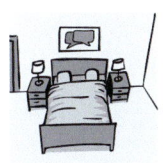

υπνοδωμάτιο

dakin kwana

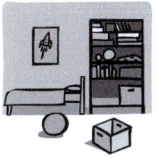

παιδικό δωμάτιο

dakin yaro

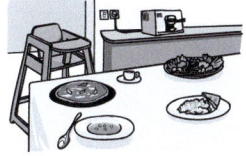

τραπεζαρία

dakin cin abinci

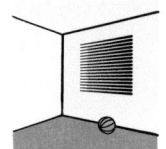

πάτωμα

dabe

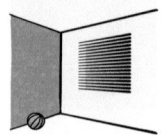

τοίχος

bango

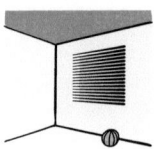

οροφή

sili

κελάρι

dakin karkashin kasa

σάουνα

wurin wankan dumi

μπαλκόνι

barandar bene

βεράντα

baranda

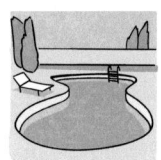

πισίνα

gulbin ninkaya

μηχανή του γκαζόν

injin yanke ciyawa

σεντόνι

kwano

κάλυμμα κρεβατιού

zanen gado

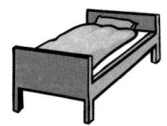

κρεβάτι

gado

σκούπα

tsintsiya

κουβάς

bokiti

διακόπτης

makunni

σαλόνι
falo

ταπετσαρία
takardar bango
φωτογραφία
hoto
λάμπα
fitila
ράφι
kantar littattafai
ντουλάπι
kabed
τηλεόραση
talbijin
τζάκι
wurin wuta
λουλούδι
fure
μαξιλάρι
kushin
καναπές
babbar kujera
βάζο
gilashin fure
τηλεκοντρόλ
rimot

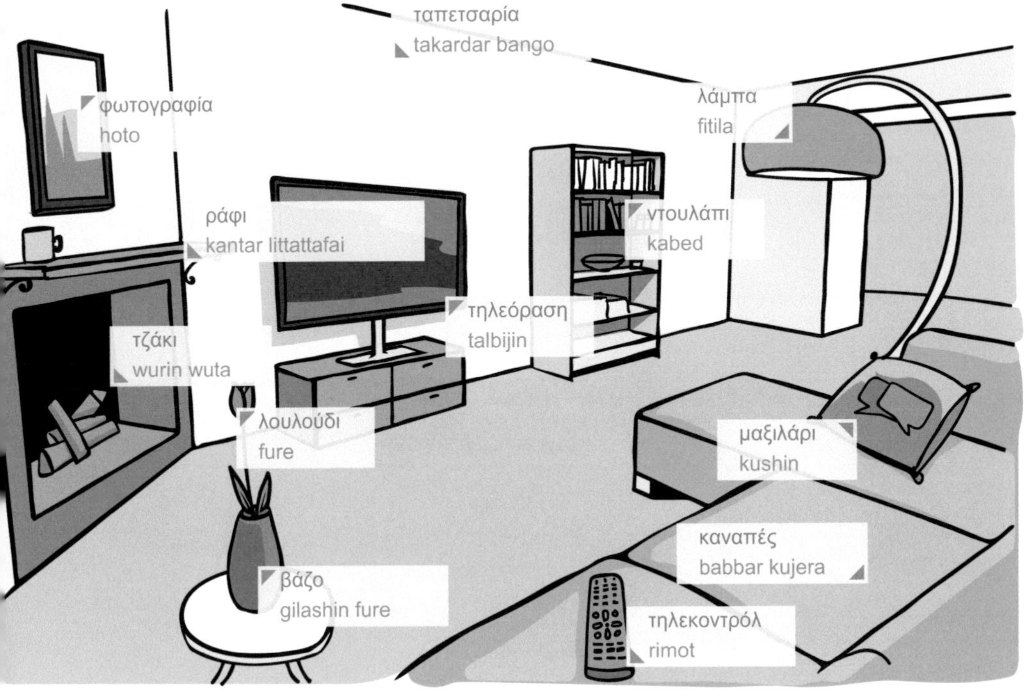

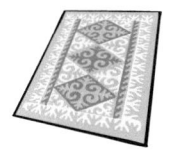

χαλί
darduma

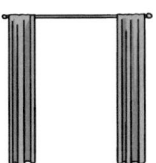

κουρτίνα
labule

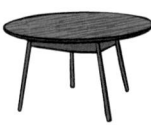

τραπέζι
teburi

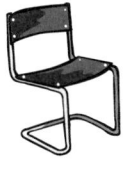

καρέκλα
kujera

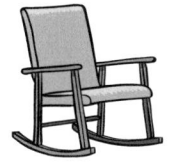

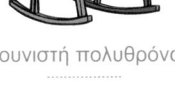

κουνιστή πολυθρόνα
kujera mai shillo

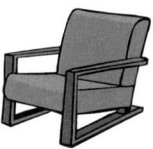

πολυθρόνα
kujera mai hannu

βιβλίο

littafi

κουβέρτα

bargo

διακόσμηση

kwalliya

καυσόξυλα

itacen girki

ταινία

fim

στερεοφωνικό σύστημα

kayan hi-fi

κλειδί

makulli

εφημερίδα

jarida

πίνακας ζωγραφικής

zanen fenti

αφίσα

fasta

ραδιόφωνο

rediyo

σημειωματάριο

takardar rubutu

ηλεκτρική σκούπα

na'urar share darduma

κάκτος

murtsunguwa

κερί

kyandir

κουζίνα
kicin

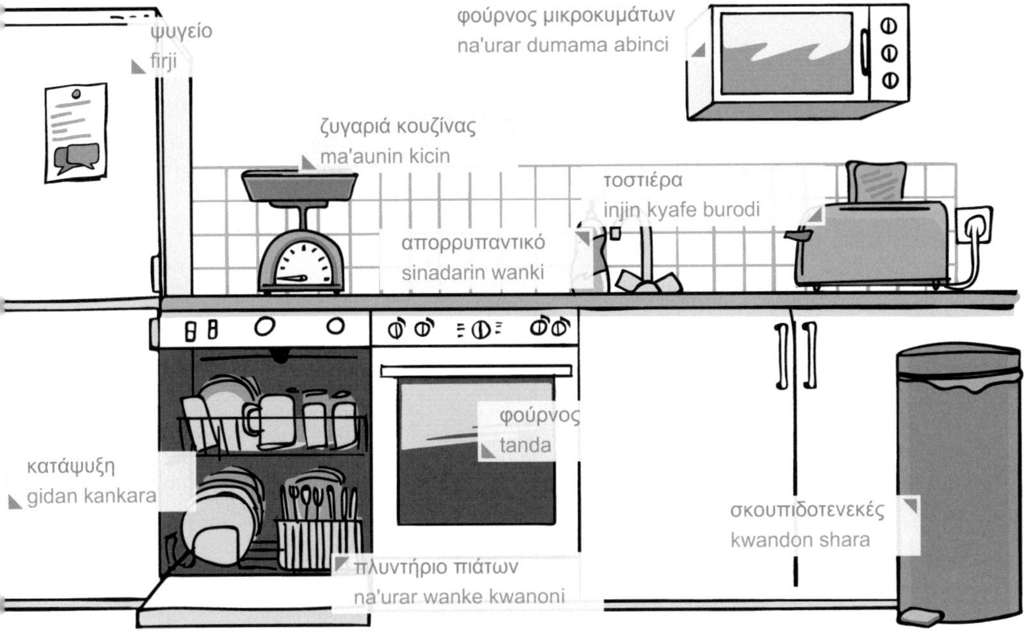

ψυγείο
firji
φούρνος μικροκυμάτων
na'urar dumama abinci
ζυγαριά κουζίνας
ma'aunin kicin
τοστιέρα
injin kyafe burodi
απορρυπαντικό
sinadarin wanki
φούρνος
tanda
κατάψυξη
gidan kankara
σκουπιδοτενεκές
kwandon shara
πλυντήριο πιάτων
na'urar wanke kwanoni

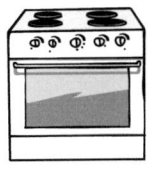

κουζίνα
cooker

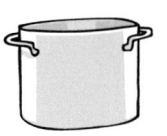

κατσαρόλα
tukunya

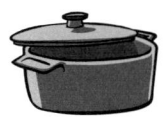

μαντεμένια κατσαρόλα
tukunyar alminiyum

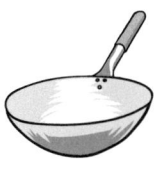

γουόκ/καντάι
kwanon suya

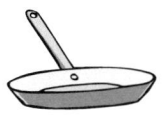

τηγάνι
kwanan suya

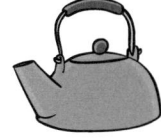

βραστήρας
buta

ατμομάγειρας

tukunyar dumi

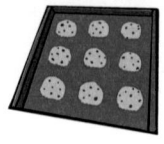

ταψί

kwanan gashi

πιατικά

kayan tangaran

κούπα

tambulan

μπολ

kwano

ξυλάκια

tsinkayen cin abinci

κουτάλα

ludayi

σπάτουλα

ludayin suya

ανακατεύω

makadin kwai

σουρωτήρι

rariya

σουρωτηράκι

mataci

τρίφτης

na'urar nika

γουδί

turmi

ψησταριά

balangu

ανοιχτή φωτιά

wutar sarari

σανίδα κοπής

katakon yanke-yanke

πλάστης

katakon murji

ανοιχτήρι φελλών

mabudin kwalba

κονσέρβα

gwangwani

ανοιχτήρι κονσέρβας

mabudin gwangwani

γάντι φούρνου

hannun tukunya

νεροχύτης

wurin wanke-wanke

βούρτσα

burushi

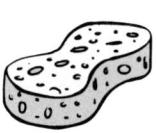

σφουγγάρι

soso

μπλέντερ

bilenda

καταψύκτης

babban gidan kankara

μπιμπερό

bulumboti

βρύση

famfo

μπάνιο
dakin wanka

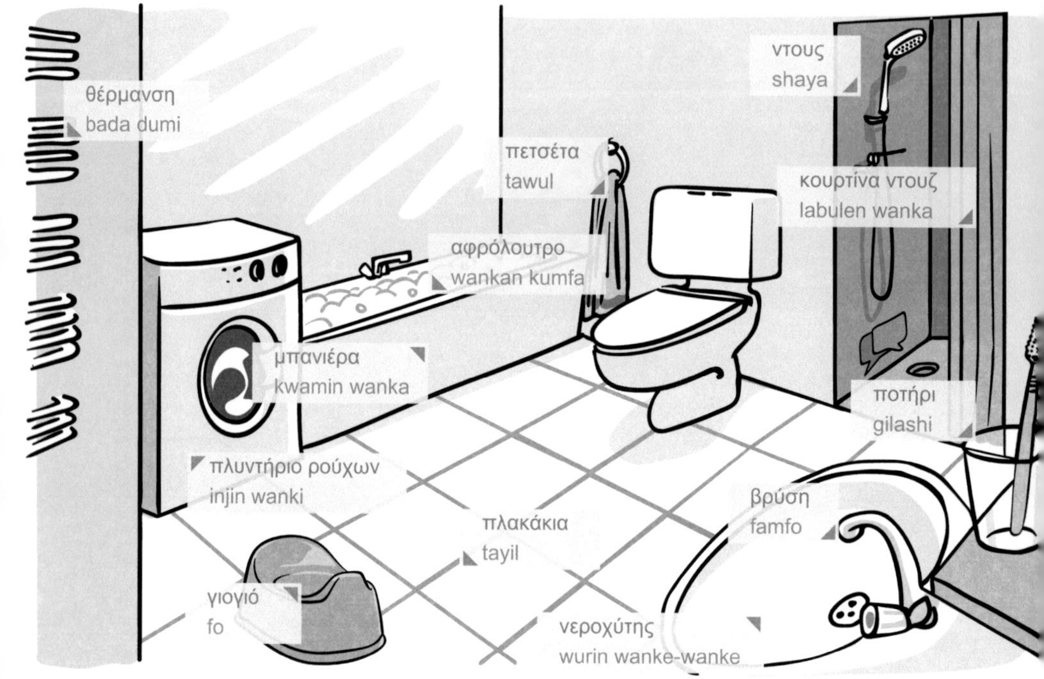
θέρμανση
bada dumi
ντους
shaya
πετσέτα
tawul
κουρτίνα ντουζ
labulen wanka
αφρόλουτρο
wankan kumfa
μπανιέρα
kwamin wanka
ποτήρι
gilashi
πλυντήριο ρούχων
injin wanki
βρύση
famfo
πλακάκια
tayil
γιογιό
fo
νεροχύτης
wurin wanke-wanke

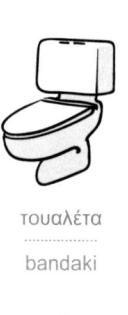

τουαλέτα

bandaki

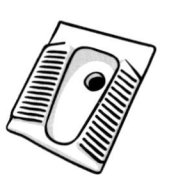

τούρκικη τουαλέτα

bandakin tsuguno

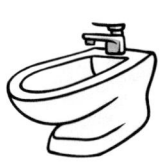

μπιντές

kwamin tsarki

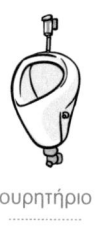

ουρητήριο

wurin fitsari

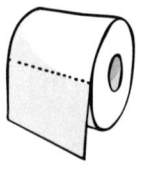

χαρτί υγείας

takardar bandaki

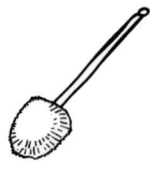

πιγκάλ

burushin bandaki

οδοντόβουρτσα

burushin hakori

οδοντόκρεμα

man hakori

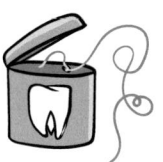

οδοντικό νήμα

zaren sakace

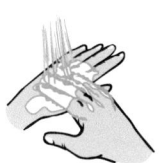

πλένω

wanke

τηλέφωνο ντους

shayar hannu

ντουσιέρα

wankin farji

λεκάνη

kwamin wanke hannu

βούρτσα πλάτης

burushin wanke baya

σαπούνι

sabulu

αφρόλουτρο

ruwan sabulun wanka

σαμπουάν

man gyaran gashi

φανέλα

tsumman wanka

σιφόνι

lambatu

κρέμα

kirim

αποσμητικό

turaren kamshi

καθρέφτης
madubi

καθρέφτης χειρός
madubin hannu

ξυραφάκι
reza

αφρός ξυρίσματος
man yaran fuska

αφτερσέιβ
man aski

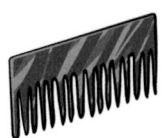

χτένα
mataji

βούρτσα
burushi

σεσουάρ
na'urar busar da gashi

λακ
man gashi

μακιγιάζ
kwalliya

κραγιόν
jan-baki

βερνίκι νυχιών
man farce

βαμβάκι
audugar goge kunne

ψαλίδι νυχιών
almakashin yankan farce

άρωμα
turare

νεσεσέρ

jakar wanka

σκαμπό

bahaya

ζυγαριά

ma'aunin nauyi

μπουρνούζι

rigar wanka

ελαστικά γάντια

safar roba

ταμπόν

audugar haila

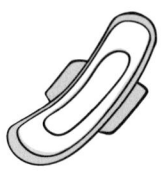

πετσέτα υγιεινής

audugar mata

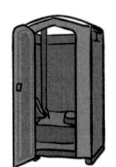

χημική τουαλέτα

bandakin tafi-da-gidanka

παιδικό δωμάτιο
dakin yaro

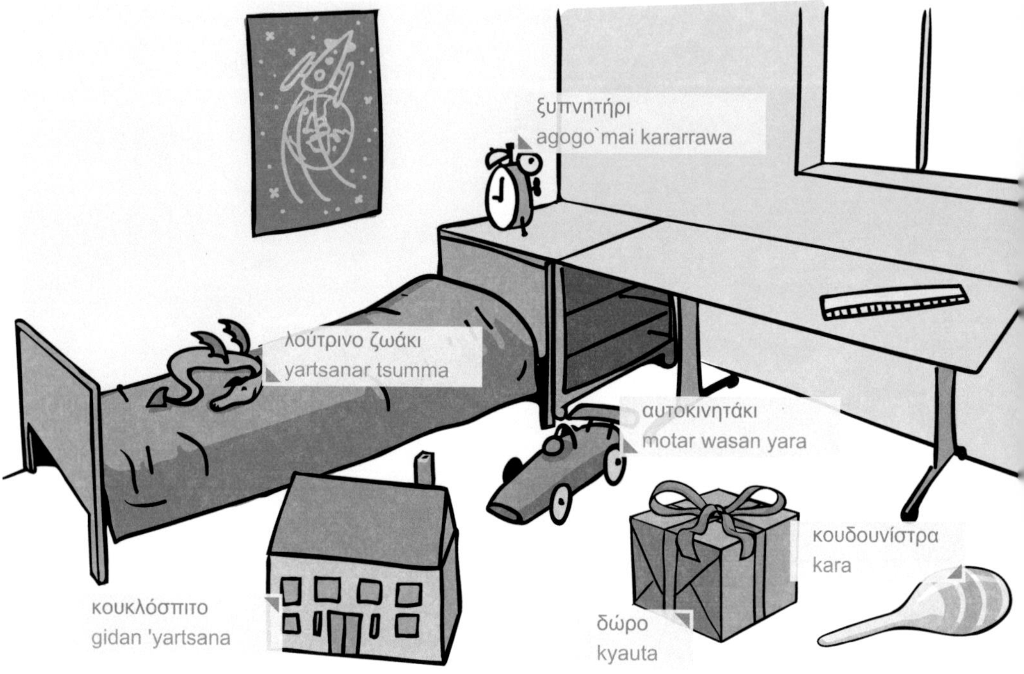

ξυπνητήρι
agogo`mai kararrawa

λούτρινο ζωάκι
yartsanar tsumma

αυτοκινητάκι
motar wasan yara

κουδουνίστρα
kara

κουκλόσπιτο
gidan 'yartsana

δώρο
kyauta

μπαλόνι

balo

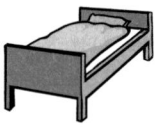

κρεβάτι

gado

καροτσάκι

keken jarirai

τράπουλα

benen kwalaye

παζλ

wasa kwakwalwa

κόμικς

ban dariya

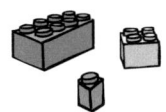

τουβλάκια lego

tubalan roba

τουβλάκια κατασκευών

tubalan gini

φιγούρα δράσης

mutum-mai-aiki

βρεφικό φορμάκι

rigar jariri

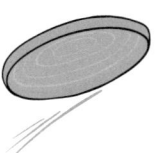

φρίσμπι

Dokin iska

μόμπιλο

tafi-da-gidanka

επιτραπέζιο παιχνίδι

wasan dara

ζάρια

dan ludo

σετ τρενάκι

zubin kwatancin jirgin kasa

πιπίλα

mutum-mutumi

πάρτι

walima

εικονογραφημένο βιβλίο

littafi mai hotuna

μπάλα

kwallo

κούκλα

yartsana

παίζω

yi wasa

σκάμμα με άμμο

akwatin yashi

κούνια

lilo

παιχνίδια

kayan wasan yara

κονσόλα βιντεοπαιχνιδιών

allon wasannin bidiyo

τρίκυκλο

babur mai taya uku

αρκουδάκι

yartsanar tsumma

ντουλάπα

wadirob

ρούχα
tufafi

κάλτσες

safa

καλτσοδέτες

sitokins

καλσόν

matse-jiki

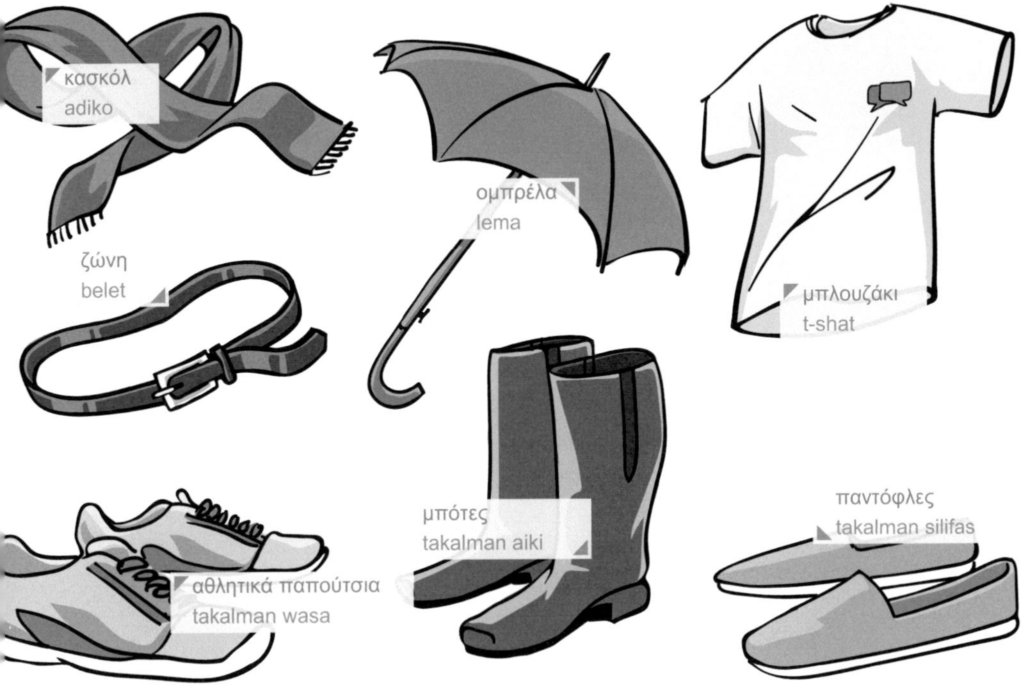

κασκόλ
adiko

ζώνη
belet

ομπρέλα
lema

μπλουζάκι
t-shat

αθλητικά παπούτσια
takalman wasa

μπότες
takalman aiki

παντόφλες
takalman silifas

σανδάλια
....
takalman sandal

παπούτσια
....
takalma

γαλότσες
....
takalman roba

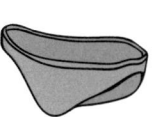

εσώρουχο
....
kamfai

σουτιέν
....
rigar nono

φανέλα
....
falmaran

σώμα

jiki

παντελόνι

wando

τζιν παντελόνι

jeans

φούστα

dantofi

μπλούζα

rigar mata

πουκάμισο

karamar riga

πουλόβερ

riga mai hula

πουλόβερ

hular riga

σακάκι

bileza

μπουφάν

jaket

παλτό

kwat

αδιάβροχο πανωφόρι

rigar ruwa

κοστούμι

kayan yayi

φόρεμα

kayan sawa

νυφικό

rigar aure

κοστούμι

kwat da wando

νυχτικό

rigar dare

πιτζάμες

kayan barci

σάρι

sari

μαντήλι

dankwali

τουρμπάνι

rawani

μπούρκα

hijabi

καφτάνι

kaftani

μουσουλμανικό ένδυμα

abaya

ολόσωμο μαγιό

rigar iyo

ανδρικό μαγιό

wandon wasa

σορτς

gajeran wando

αθλητική φόρμα

kayan wasanni

ποδιά

kyallen aiki

γάντια

safar hannu

κουμπί

maballi

γυαλιά

tabarau

βραχιόλι

awarwaro

περιδέραιο

tsakiya

δαχτυλίδι

zobe

σκουλαρίκι

dan kunne

καπέλο

hula

κρεμάστρα

maratayin kwat

καπέλο

malafa

γραβάτα

lakataya

φερμουάρ

zi

κράνος

hular kwano

τιράντες

masu daidaita hakori

μαθητική στολή

kayan makaranta

στολή

yunifom

σαλιάρα

kyallen cin abincin jariri

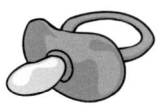

πιπίλα

mutum-mutumi

πάνα

kunzugu

γραφείο
ofis

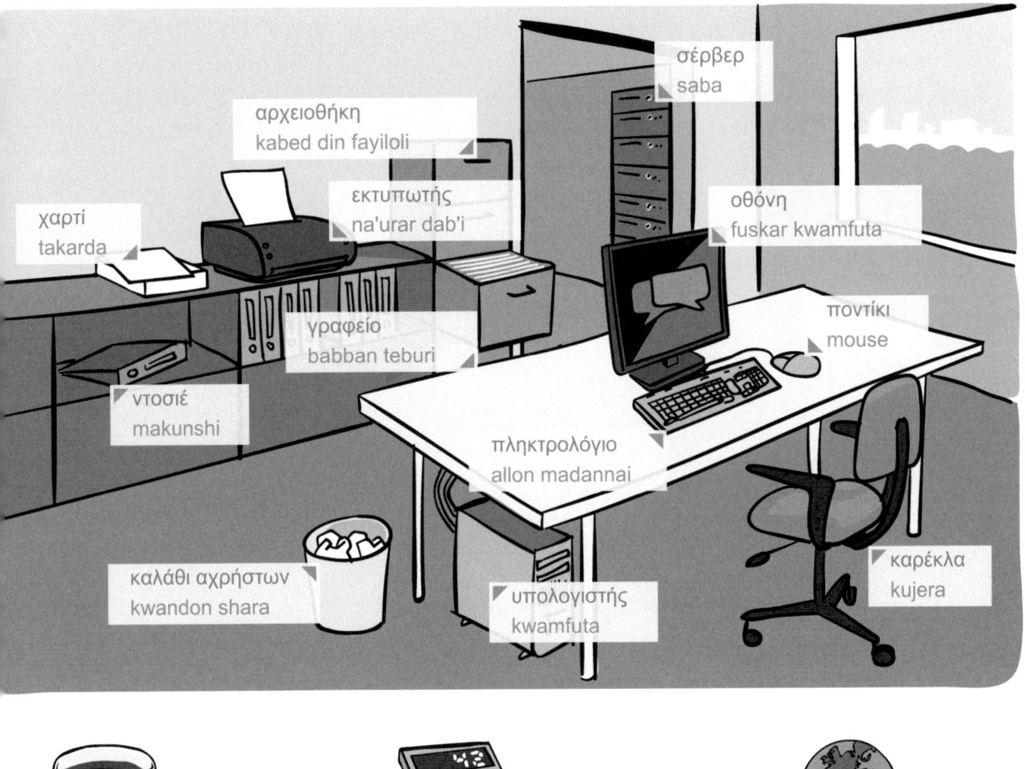

σέρβερ
saba

αρχειοθήκη
kabed din fayiloli

εκτυπωτής
na'urar dab'i

οθόνη
fuskar kwamfuta

χαρτί
takarda

γραφείο
babban teburi

ποντίκι
mouse

ντοσιέ
makunshi

πληκτρολόγιο
allon madannai

καλάθι αχρήστων
kwandon shara

υπολογιστής
kwamfuta

καρέκλα
kujera

κούπα του καφέ

tambulan kofi

κομπιουτεράκι

kwakuleta

ίντερνετ

intanet

λάπτοπ
laptop

γράμμα
wasika

μήνυμα
sako

κινητό
tafi-da-gidanka

δίκτυο
sadarwa

φωτοτυπικό μηχάνημα
na'urar hoton takarda

λογισμικό
kwakwalwar kwamfuta

τηλέφωνο
tarho

πρίζα
jona soket

συσκευή φαξ
na'urar faks

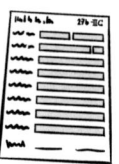

έντυπο
fom

έγγραφο
daftari

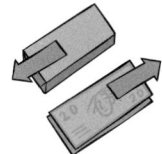

αγοράζω
sayi

πληρώνω
biya

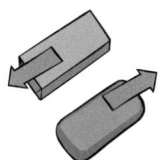

συναλλάσσομαι
yi ciniki

χρήματα
kudi

δολάριο
dala

ευρώ
euro

γιεν
yen

ρούβλι
robul

ελβετικό φράγκο
franc na Swiss

ρενμίνμπι γιουάν
renminbi yuan

ρουπία
rupee

ΑΤΜ (αυτόματη ταμειακή μηχανή)
injin bada kudi

ανταλλακτήρια
συναλλάγματος

gidan canjin kudi

χρυσός

zinare

ασήμι

azurfa

πετρέλαιο

mai

ενέργεια

makamashi

τιμή

farashi

συμβόλαιο

matuntuba

φόρος

haraji

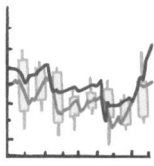

μετοχή

kaya

δουλεύω

yi aiki

υπάλληλος

ma'aikaci

εργοδότης

mai daukar ma'aikata

εργοστάσιο

masana'anta

κατάστημα

kanti

αστυνόμος
jami'in dansanda

πυροσβέστης
ma'aikaci kashe gobara

μάγειρας
kuku

γιατρός
likita

πιλότος
direban jirgin sama

κηπουρός

mai aikin lambu

ξυλουργός

kafinta

μοδίστρα

mace mai dinki

δικαστής

alkali

χημικός

mai hada magunguna

ηθοποιός

jarumi

οδηγός λεωφορείου

direban bas

ταξιτζής

direban tasi

ψαράς

masunci

καθαρίστρια

mace mai shara

τεχνίτης στεγών

mai aikin rufi

σερβιτόρος

sabis

κυνηγός

mafarauci

ζωγράφος

mai fenti

αρτοποιός

mai yin burodi

ηλεκτρολόγος

mai gyaran lantarki

οικοδόμος

magini

μηχανολόγος

injiniya

κρεοπώλης

mahauci

υδραυλικός

mai gyaran famfo

ταχυδρόμος

mai raba wasiku

στρατιώτης

soja

αρχιτέκτονας

mai zayyanar gidaje

ταμίας

mai biyan kudi

ανθοπώλης

mai sayar da furanni

κομμωτής

mai gyaran gashi

ελεγκτής εισιτηρίων

mai kida

μηχανικός

bakanike

καπετάνιος

kyaftin

οδοντίατρος

likitan hakori

επιστήμονας

masanin kimiyya

ραβίνος

limamin yahudu

ιμάμης

liman

μοναχός

mai ibadar kirista

ιερέας

malamin addini

εργαλεία
kayan aiki

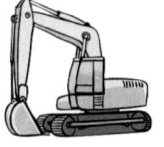

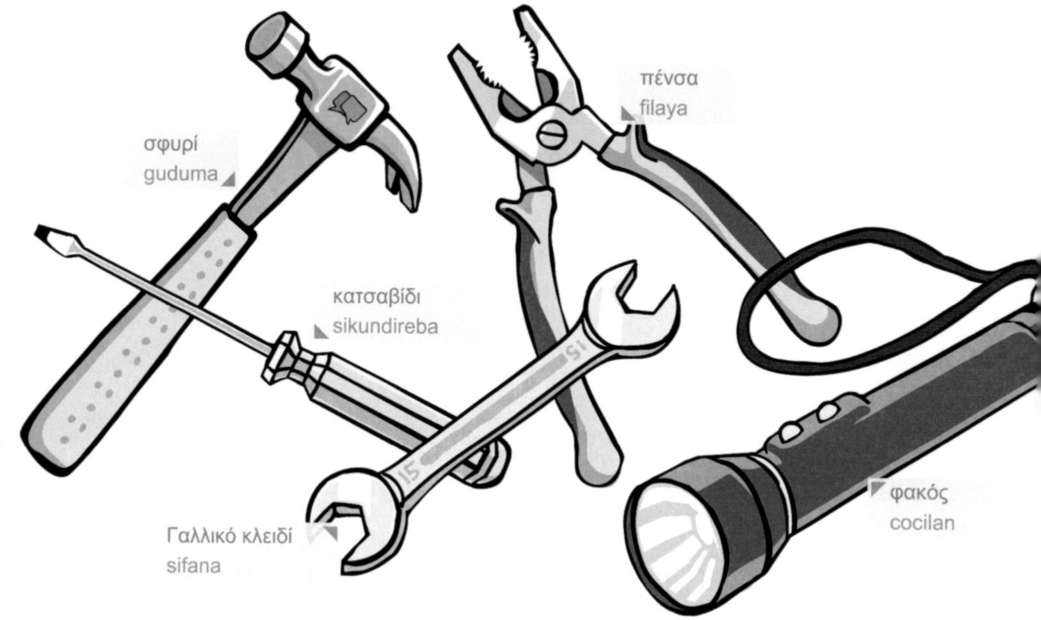
πένσα
filaya
σφυρί
guduma
κατσαβίδι
sikundireba
φακός
cocilan
Γαλλικό κλειδί
sifana

εκσκαφέας

diga

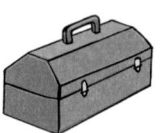

εργαλειοθήκη

akwatin kayan aiki

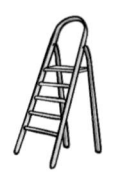

σκάλα

tsani

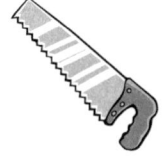

πριόνι

zarto

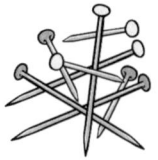

καρφιά

kusoshi

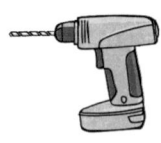

τρυπάνι

abin hudawa

επισκευάζω

gyara

φτυάρι

chebur

Να πάρει!

Tafdi!

φαράσι

makwashin shara

δοχείο χρωμάτων

tukunyar fenti

βίδες

kusoshi masu barima

μουσικά όργανα
kayan kida

μεγάφωνο
lasifika

ντραμς
tarkacen ganga

κοντραμπάσο
rubin sauti

τρομπέτα
begila

κιθάρα
jita

πιάνο

fiyano

βιολί

goge

μπάσο

karamin sauti

τύμπανα

gangunan timpani

τύμπανο

ganguna

πλήκτρα

masarrafin fiyano

σαξόφωνο

saxophone

φλάουτο

sarewa

μικρόφωνο

makirfo

ζωολογικός κήπος
gidan namun daji

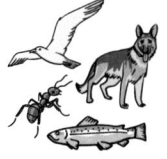

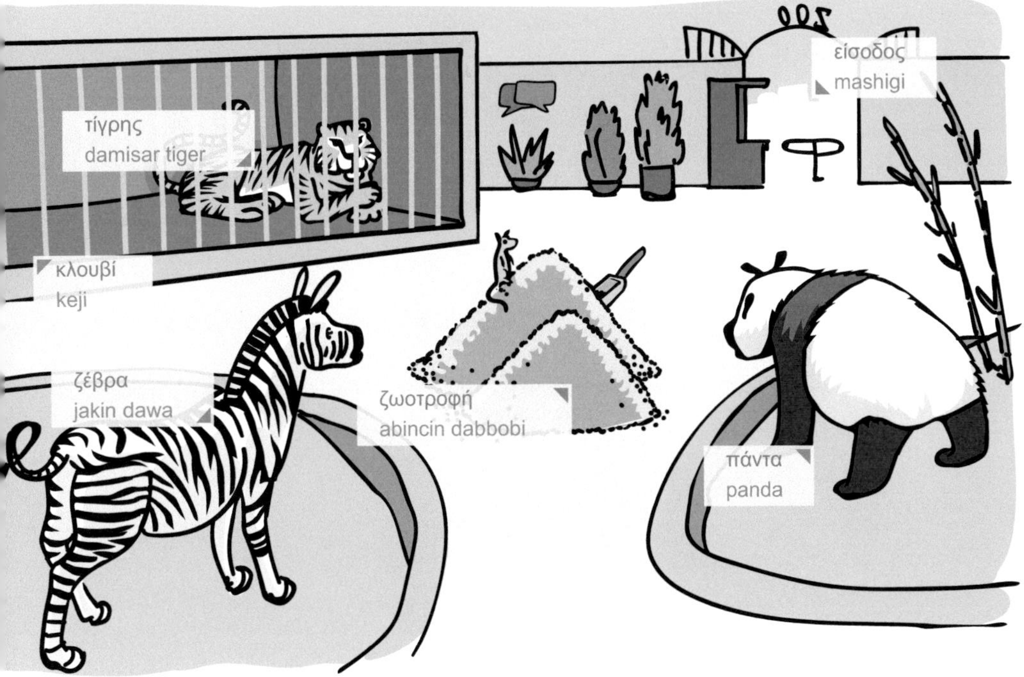

είσοδος
mashigi
τίγρης
damisar tiger
κλουβί
keji
ζέβρα
jakin dawa
ζωοτροφή
abincin dabbobi
πάντα
panda

ζώα

dabbobi

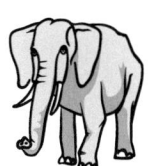

ελέφαντας

giwa

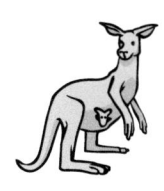

καγκουρό

babba-da-jaka

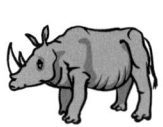

ρινόκερος

karkanda

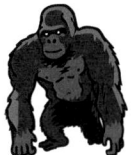

γορίλας

goggon biri

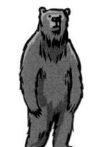

αρκούδα

dabbar bear

καμήλα

rakumi

στρουθοκάμηλος

jimina

λιοντάρι

zaki

πίθηκος

biri

φλαμίνγκο

dinya

παπαγάλος

aku

πολική αρκούδα

bear ta yankin kankara

πιγκουίνος

penguin

καρχαρίας

kifin shark

παγώνι

dawisu

φίδι

maciji

κροκόδειλος

kada

φύλακας ζωολογικού κήπου

mai tsaro zu

φώκια

seal

τζάγκουαρ

damisar jaguar

πόνυ

dukushi

λεοπάρδαλη

damisar leopard

ιπποπόταμος

mugun dawa

καμηλοπάρδαλη

rakumin dawa

αετός

mikiya

αγριογούρουνο

aladen daji

ψάρι

kifi

χελώνα

kunkuru

θαλάσσιος ίππος

walrus

αλεπού

dila

γαζέλα

barewa

Αμερικάνικο ποδόσφαιρο
kwallon kafar Amurka

ποδηλασία
tseren keke

αντισφαίριση
wasan tennis

μπάσκετ
kwallon kwando

κολύμβηση
ninkaya

πυγχαμία
dambe

χόκεϋ επί πάγου
kwallon gora na cikin ka

ποδόσφαιρο

kwallon kafa

μπάντμιντον

badiminton

στίβος

wasannin motsa jiki

χάντμπολ

kwallon hannu

σκι

wasan kan kankara

πόλο

kwallon dawaki

γελάω
yi dariya

πηδάω
yi tsalle

αγκαλιάζω
rungumi

περπατάω
yi tattaki

τραγουδάω
rera waka

ονειρεύομαι
mafarki

προσεύχομαι
yi addu'a

φιλάω
sumbaci

γράφω
rubuta

σχεδιάζω
zana

δείχνω
nuna

πιέζω
tura

δίνω
bayar

παίρνω
dauki

έχω

sami

κάνω

yi

είμαι

kasance

στέκομαι

tsaya

τρέχω

gudu

τραβάω

jawo

ρίχνω

jefa

πέφτω

faduwa

ξαπλώνω

yi karya

περιμένω

jira

κουβαλώ

dauki

κάθομαι

zauna

φοράω

sanya tufafi

κοιμάμαι

yi barci

ξυπνάω

farka

κοιτάω

kalli

κλαίω

kuka

χαϊδεύω

bugi

χτενίζω

taje

μιλάω

yi magana

καταλαβαίνω

fahimci

ρωτάω

tambayi

ακούω

saurari

πίνω

sha

τρώω

ci

συγυρίζω

tattare

αγαπάω

yi soyayya

μαγειρεύω

dafa

οδηγώ

yi tuki

πετάω

tashi

κάνω ιστιοπλοΐα

tafi a kwalekwale

υπολογίζω

kwakuleta

διαβάζω

karanta

μαθαίνω

koyi

δουλεύω

yi aiki

παντρεύομαι

yi aure

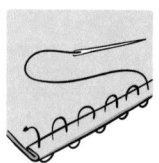

ράβω

dinka

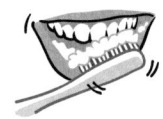

βουρτσίζω τα δόντια

goge hakora

σκοτώνω

kashe

καπνίζω

busa taba

στέλνω

aika

οικογένεια
iyali

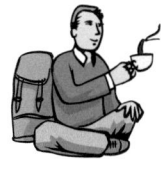

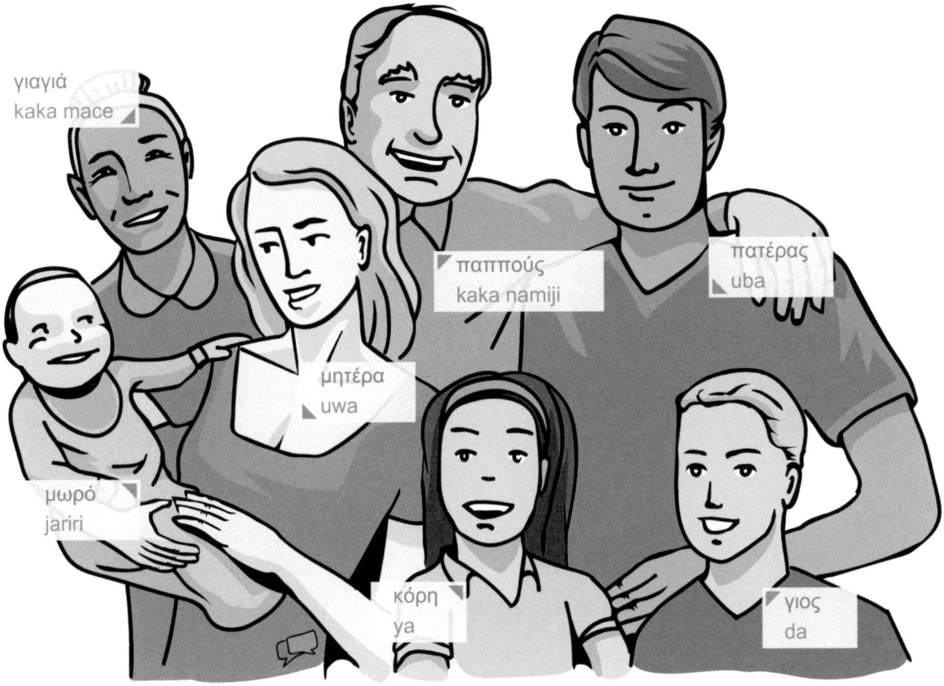

γιαγιά
kaka mace
παππούς
kaka namiji
πατέρας
uba
μητέρα
uwa
μωρό
jariri
κόρη
ya
γιος
da

καλεσμένος

bako

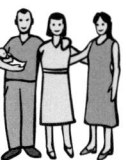

θεία

gwaggo

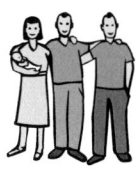

θείος

kawu

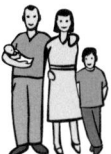

αδελφός

dan'uwa

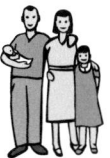

αδελφή

yar'uwa

σώμα

jiki

μέτωπο
goshi
μάτι
ido
ώμος
kafada
δάχτυλο
yatsa
πρόσωπο
fuska
πιγούνι
ha'ba
χέρι
hannu
στήθος
nono
πόδι
kafa
βραχίονας
damtse

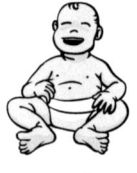

μωρό

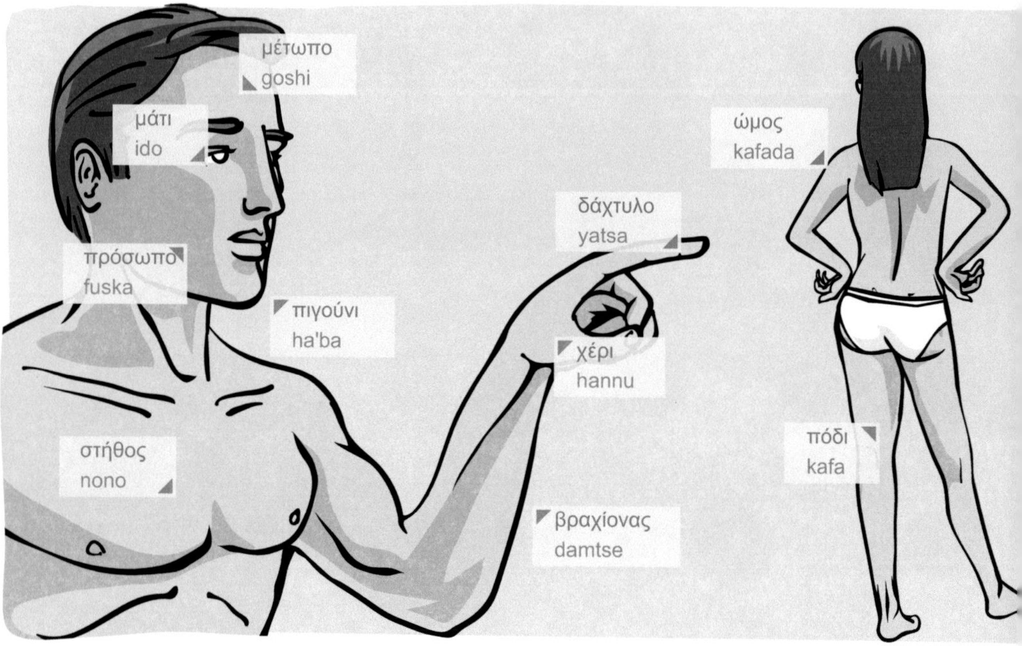

jariri

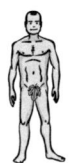

άνδρας

mutum

γυναίκα

mace

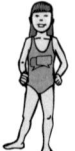

κορίτσι

yarinya

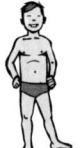

αγόρι

yaro

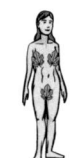

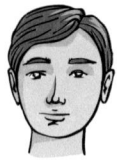

κεφάλι

kai

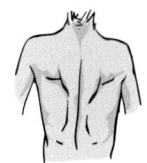

πλάτη

baya

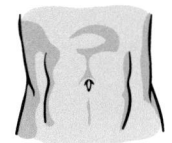

κοιλιά

tulun ciki

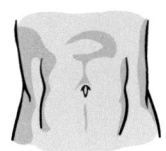

αφαλός

maballin ciki

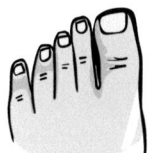

δάχτυλο ποδιού

yatsan kafa

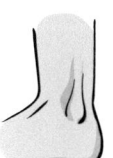

φτέρνα

dudduge

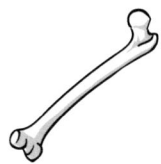

κόκκαλο

kashi

γοφός

kugu

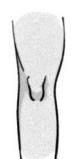

γόνατο

guiwa

αγκώνας

guiwar hannu

μύτη

hanci

γλουτός

kasa

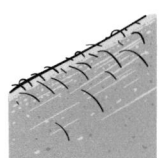

δέρμα

fata

μάγουλο

kumatu

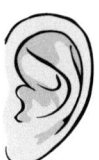

αυτί

kunne

χείλος

lebe

στόμα

wata

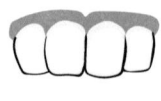

δόντι

hakori

γλώσσα

harshe

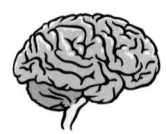

εγκέφαλος

kwakwalwa

καρδιά

zuciya

μυς

kwanji

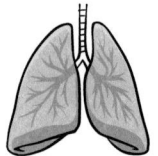

πνεύμονας

huhu

συκώτι

hanta

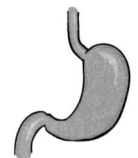

στομάχι

ciki

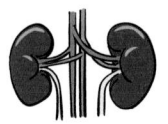

νεφρά

koda

σεξουαλική επαφή

jima'i

προφυλακτικό

kwaroron roba

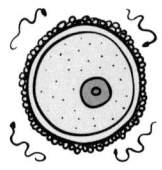

ωάριο

kwan mahaifa

σπέρμα

maniyyi

εγκυμοσύνη

juna-biyu

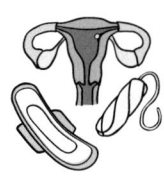

περίοδος

haila

γυναικείος κόλπος

farji

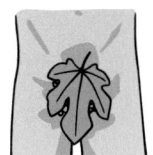

πέος

zakari

φρύδι

gira

μαλλιά

gashi

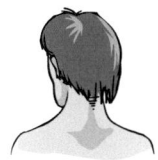

λαιμός

wuya

νοσοκομείο
asibiti

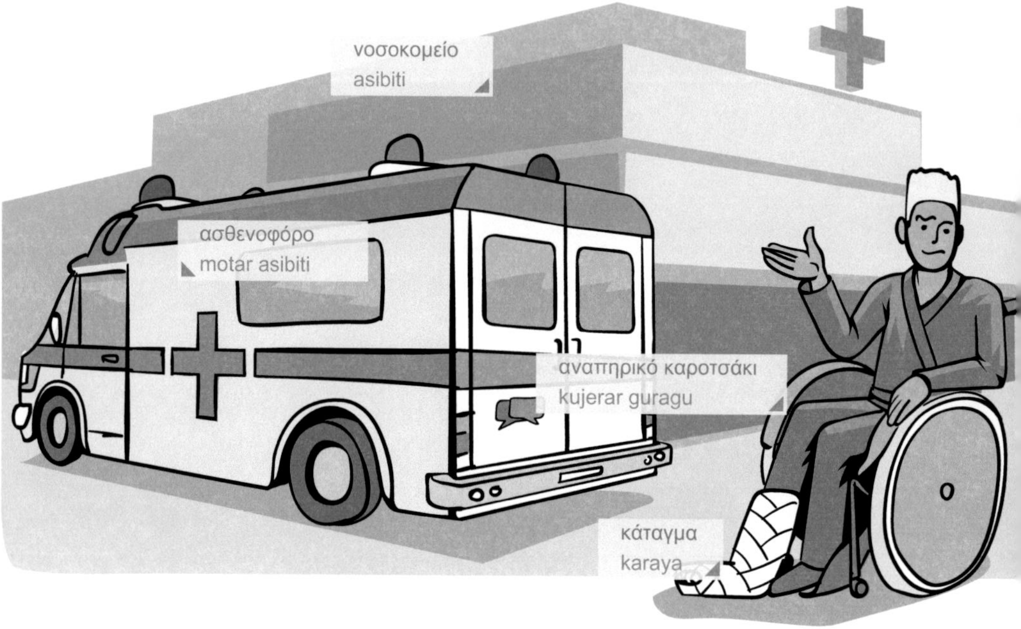

νοσοκομείο
asibiti
ασθενοφόρο
motar asibiti
αναπηρικό καροτσάκι
kujerar guragu
κάταγμα
karaya

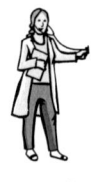

γιατρός

likita

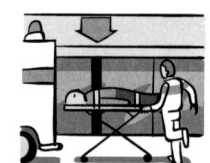

μονάδα εντατικής θεραπείας

dakin kulawar gaggawa

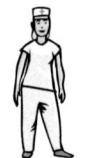

νοσοκόμα

ma'aikaciyar jinya

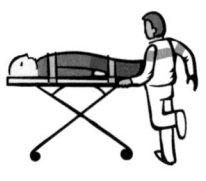

έκτακτη ανάγκη

na gaggawa

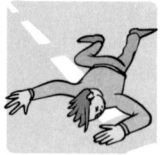

λιπόθυμος

magashiyyan

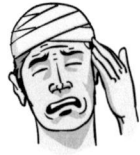

πόνος

radadi

τραύμα

rauni

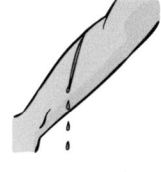

αιμορραγία

zubar jini

έμφραγμα

bugun zuciya

εγκεφαλικό

bugun jini

αλλεργία

kyan-jiki

βήχας

tari

πυρετός

zazzabi

γρίπη

mura

διάρροια

gudawa

πονοκέφαλος

ciwon kai

καρκίνος

cutar sankara

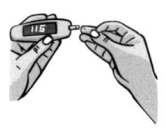

διαβήτης

ciwon suga

χειρουργός

likitan tiyata

νυστέρι

wukar likita

εγχείρηση

tiyata

αξονική τομογραφία

CT

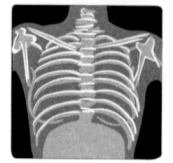

ακτινογραφία

hoton kirji

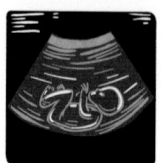

υπέρηχος

hoton ciki

μάσκα

marufin fuska

ασθένεια

cuta

αίθουσα αναμονής

dakin jira

πατερίτσα

madogari

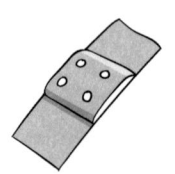

χάνσαπλαστ

filasta

επίδεσμος

bandeji

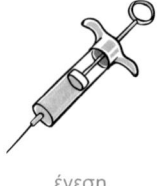

ένεση

allura

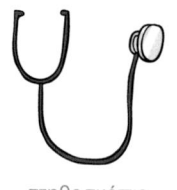

στηθοσκόπιο

na'urar awon zuciya

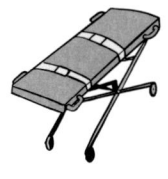

φορείο

gadon daukar marar lafiya

θερμόμετρο

na'urar auna zafin jiki

γέννηση

haihuwa

υπέρβαρο

yawan nauyi

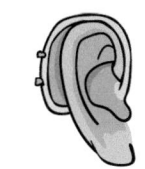

ακουστικό βαρηκοΐας

abin kara ji

αντισηπτικό

sinadarin kashe kwayoyin cuta

λοίμωξη

kamuwar cuta

ιός

kwayar cuta

HIV/AIDS

Cutar Kanjamau

φάρμακο

magani

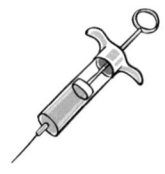

εμβολιασμός

riga-kafi

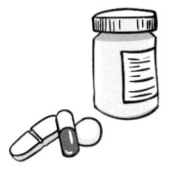

δισκία

kwayoyin magani

χάπι

magani

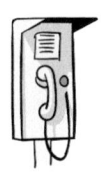

κλήση έκτακτης ανάγκης

kiran gaggawa

πιεσόμετρο αίματος

ma'aunin hawan jini

άρρωστος / υγιής

cuta / lafiya

Βοήθεια!
Taimako!

συναγερμός
kararrawa

βιαιοπραγία
farmaki

επίθεση
hari

κίνδυνος
hatsari

έξοδος κινδύνου
kofar ko-takwana

Φωτιά!
Wuta!

πυροσβεστήρας
abin kashe wuta

ατύχημα
hadari

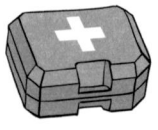

κουτί πρώτων βοηθειών
kayan taimakon gaggawa

SOS
Neman taimako

αστυνομία
dansanda

Ευρώπη

Turai

Βόρεια Αμερική

Amurka ta Arewa

Νότια Αμερική

Amurka ta Kudu

Αφρική

Afirka

Ασία

Asiya

Αυστραλία

Australia

Ατλαντικός Ωκεανός

Atlantika

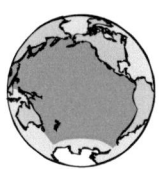

Ειρηνικός Ωκεανός

Pacific

Ινδικός Ωκεανός

Tekun Indiya

Ανταρκτικός Ωκεανός

Tekun Antatika

Αρκτικός Ωκεανός

Tekun Arctic

Βόρειος Πόλος

Barin duniya na Arewa

Νότιος Πόλος

Barin duniya na Kudu

Ανταρκτική

Antatika

Γη

Kasa

γη

tsandauri

θάλασσα

kogi

νησί

tsibiri

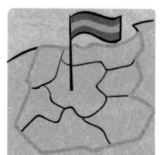

έθνος

kasa

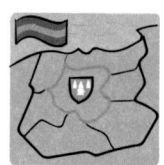

πολιτεία

jiha

κανταν ρολογιού

fuskar agogo

ωροδείκτης

hannun awa

λεπτοδείκτης

hannun mintuna

δείκτης δευτερολέπτων

hannun dakika

Τι ώρα είναι;

Karfe nawa yanzu?

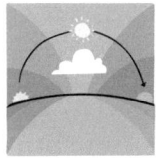

ημέρα

rana

χρόνος

lokaci

τώρα

yanzu

ψηφιακό ρολόι

agogon dijita

λεπτό

minti

ώρα

awa

εβδομάδα

mako

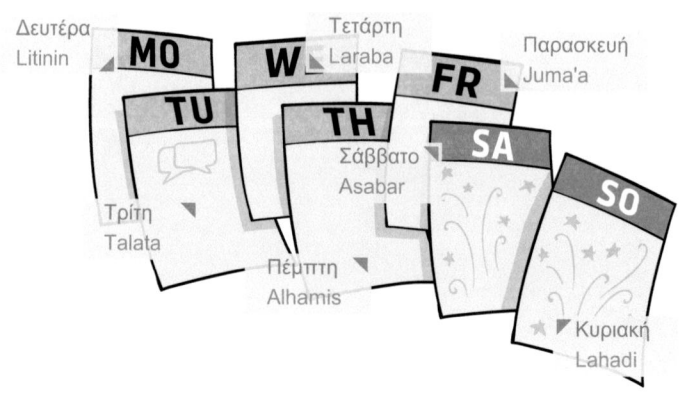

Δευτέρα Litinin
Τετάρτη Laraba
Παρασκευή Juma'a
Τρίτη Talata
Σάββατο Asabar
Πέμπτη Alhamis
Κυριακή Lahadi

χθες
jiya

σήμερα
yau

αύριο
gobe

πρωί
safiya

μεσημέρι
tsakar rana

βράδυ
yamma

MO	TU	WE	TH	FR	SA	SU
1	2	3	4	5	6	7
8	9	10	11	12	13	14
15	16	17	18	19	20	21
22	23	24	25	26	27	28
29	30	31	1	2	3	4

εργάσιμες ημέρες
ranakun kasuwanci

MO	TU	WE	TH	FR	SA	SU
1	2	3	4	5	6	7
8	9	10	11	12	13	14
15	16	17	18	19	20	21
22	23	24	25	26	27	28
29	30	31	1	2	3	4

Σαββατοκύριακο
karshen mako

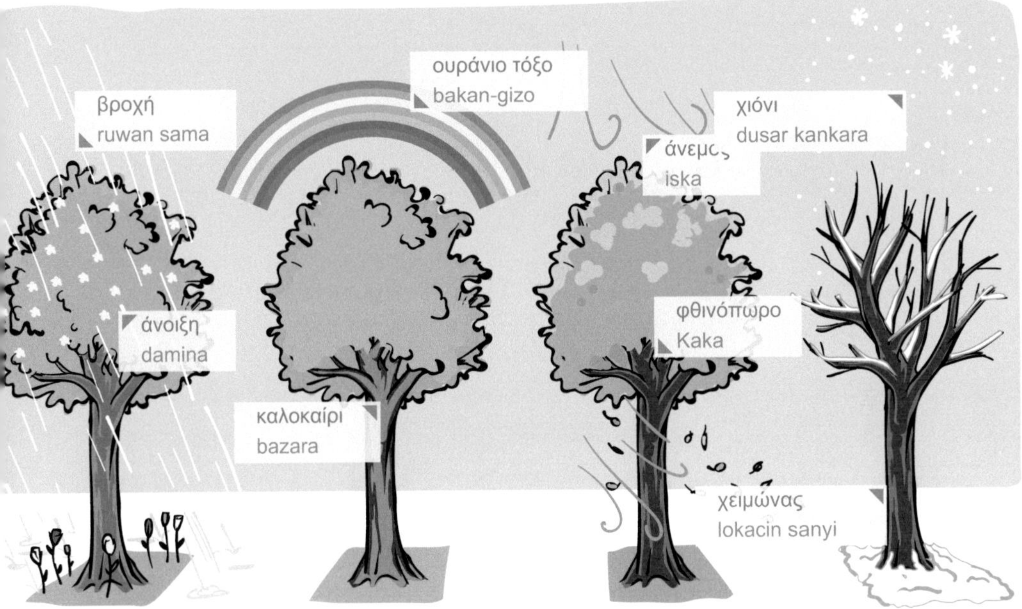

βροχή
ruwan sama

ουράνιο τόξο
bakan-gizo

χιόνι
dusar kankara

άνεμος
iska

άνοιξη
damina

φθινόπωρο
Kaka

καλοκαίρι
bazara

χειμώνας
lokacin sanyi

4.APRIL	11°	☀
5.APRIL	4°	⛅
6.APRIL	13°	⛈
7.APRIL	8°	❄
8.APRIL	10°	☀

πρόγνωση καιρού

hasashen yanayi

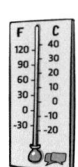

θερμόμετρο

na'urar gwajin zafi da sanyi

λιακάδα

hasken rana

σύννεφο

gajimare

ομίχλη

hazo

υγρασία

dumi

αστραπή

walkiya

κεραυνός

aradu

καταιγίδα

guguwa

χαλάζι

kankarar ruwan sama

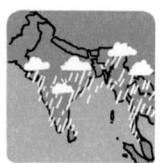

μουσώνας

iskar bazara

πλημμύρα

ambaliyar ruwa

πάγος

kankara

Ιανουάριος

Janairu

Φεβρουάριος

Fabarairu

Μάρτιος

Maris

Απρίλιος

Afirilu

Μάιος

Mayu

Ιούνιος

Yuni

Ιούλιος

Yuli

Αύγουστος

Agusta

Σεπτέμβριος

Satumba

Οκτώβριος

Oktoba

Νοέμβριος

Nuwamba

Δεκέμβριος

Disamba

σχήματα
siffofi

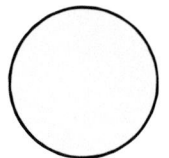

κύκλος

da'ira

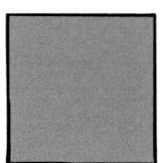

τετράγωνο

murabba'i

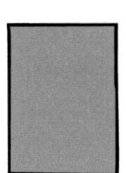

ορθογώνιο
παραλληλόγραμμο
kusurwa hudu

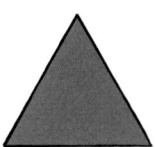

τρίγωνο

kusurwa uku

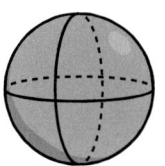

σφαίρα

mulmulalle

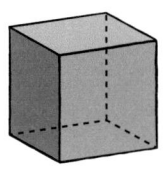

κύβος

dunkule

άσπρο

fari

κίτρινο

rawaya

πορτοκαλί

ruwan lemo

ροζ

ruwan shanshanbali

κόκκινο

ja

μωβ

garura

μπλε

shudi

πράσινο

kore

καφέ

ruwan kasa

γκρι

ruwan toka

μαύρο

baki

πολύ / λίγο

da yawa / kadan

θυμωμένος / ήρεμος

fushi / nutsuwa

όμορφος / άσχημος

kyakkyawa / mummuna

αρχή / τέλος

farko / karshe

μεγάλος / μικρός

babba / karami

φωτεινός / σκοτεινός

mai haske / mai duhu

αδελφός / αδελφή

dan uwa / 'yar uwa

καθαρός / λερωμένος

mai tsafta / kazami

πλήρης / ατελής

cikakke / maras cika

ημέρα / νύχτα

rana / dare

νεκρός / ζωντανός

matacce / mai rai

φαρδύς / στενός

mai fadi / matsattse

βρώσιμος / μη βρώσιμος

na ci / ba na ci ba

κακός / ευγενικός

mugu / mai tausayi

ενθουσιασμένος / βαριεστημένος

mai karsashi / gajiyayye

παχύς / λεπτός

kakkaura / siriri

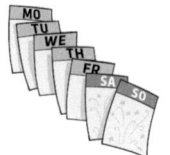

πρώτος / τελευταίος

na farko / na karshe

φίλος / εχθρός

aboki / makiyi

γεμάτος / άδειος

cikakke / holoko

σκληρός / μαλακός

mai tauri / mai laushi

βαρύς / ελαφρύς

mai nauyi / marar nauyi

πείνα / δίψα

yunwa / kishin ruwa

άρρωστος / υγιής

cuta / lafiya

παράνομος / νόμιμος

haramtacce / halastacce

έξυπνος / χαζός

mai basira / dakiki

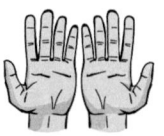

αριστερός / δεξιός

hagu / dama

κοντινός / μακρινός

kusa / nesa

καινούριος /
μεταχειρισμένος

sabo / na-hannu

τίποτα / κάτι

ba komai / wani abu

γέρος | νέος

tsoho / yaro

αναμμένος / σβηστός

kunna / kashe

ανοιχτός / κλειστός

a bude / a rufe

χαμηλόφωνος /
μεγαλόφωνος
shiru / kara

πλούσιος / φτωχός

mai arziki / talaka

σωστός / λανθασμένος

daidai / bata

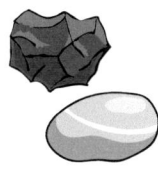

τραχύς / λείος

mai kaushi / mai santsi

λυπημένος / χαρούμενος

bakin ciki / farin ciki

κοντός / μακρύς

gajere / dogo

αργός / γρήγορος

a sannu / da sauri

υγρός / στεγνός

jikakke / busasshe

ζεστός / δροσερός

dumi / sanyi

πόλεμος / ειρήνη

yaki / zaman lafiya

0	**1**	**2**
μηδέν	ένα	δύο
sifili	daya	biyu

3	**4**	**5**
τρία	τέσσερα	πέντε
uku	hudu	biyar

6	**7**	**8**
έξι	εφτά	οκτώ
shida	bakwai	takwas

9	**10**	**11**
εννιά	δέκα	έντεκα
tara	goma	goma sha daya

12

δώδεκα

goma sha biyu

13

δεκατρία

goma sha uku

14

δεκατέσσερα

goma sha hudu

15

δεκαπέντε

goma sha biyar

16

δεκαέξι

goma sha shida

17

δεκαεφτά

goma sha bakwai

18

δεκαοκτώ

goma sha takwas

19

δεκαεννέα

goma sha tara

20

είκοσι

ashirin

100

εκατό

dari

1.000

χίλια

dubu

1.000.000

εκατομμύριο

miliyan

Αγγλικά

Turanci

Αμερικάνικα Αγγλικά

Turancin Amurka

Μανδαρίνικα Κινέζικα

Mandarin na China

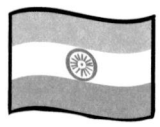

Χίντι

Hindi

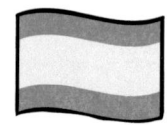

Ισπανικά

Sifaniyanci

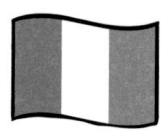

Γαλλικά

Faransanci

Αραβικά

Larabci

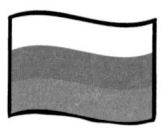

Ρώσικα

Yaren Rasha

Πορτογαλικά

Yaren Portugal

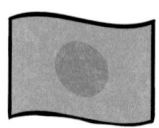

Μπενγκάλι

Bengali

Γερμανικά

Yaren Jamus

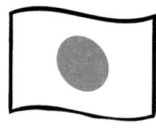

Ιαπωνικά

Yaren Japan

εγώ

ni

εσύ

kai

αυτός / αυτή / αυτό

shi / ita / ita

εμείς

mu

εσείς

ku

αυτοί / αυτές / αυτά

su

ποιος / ποια / ποιο;

wa?

τι;

me?

πώς;

ya ya?

πού;

a ina?

πότε;

yaushe?

όνομα

suna

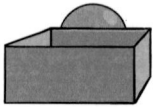

πίσω

a baya

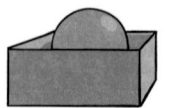

μέσα

a ciki

μπροστά

a gaban

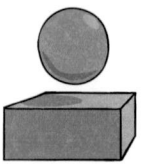

πάνω από

saman

πάνω

akai

κάτω

karkashi

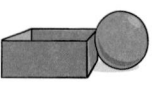

δίπλα

a gefe

ανάμεσα

a tsakani

μέρος

wuri